www.ingramcontent.com/pod-product-compliance
Lightning Source LLC
Chambersburg PA
CBHW030334230426
43661CB00040B/1483/J
* 9 7 8 1 9 5 1 3 7 3 1 0 8 *